Führmann/Hoefs

Hundeerziehung

KOSMOS

Inhaltsverzeichnis

Was kann der Hund lernen?

Wir erleben in unserem Unterricht immer wieder Fälle, in denen Besitzer von ihren Hunden vollkommen unrealistische Dinge erwarten und enttäuscht sind, wenn sich ihre Erwartungen nicht erfüllen. Genauso passiert es, dass Menschen ihre Hunde für zu dumm halten, um gewisse Erziehungsübungen zu verstehen, und dahinter eigene Unwissenheit oder Inkonsequenz verstecken.

Sämtliche Erziehungsübungen, wie sie in diesem Buch beschrieben sind, sind verstandesmäßig eine leichte Sache für den Hund. Er versteht schnell, dass er sich beim Hörzeichen PLATZ hinlegen soll, und auch, bei entsprechender Konsequenz und Übung, dass nur Sie dieses Hörzeichen wieder aufheben. Dieses Beispiel lässt sich auf alle anderen Hörzeichen übertragen. Erziehung wird durch Interaktion bestimmt, also durch jemanden, der a) agiert und b) reagiert. Hierzu ist eines erforderlich, nämlich die Anwesenheit von a) und b). Das heißt, sollten Sie abwesend sein, müssen Sie entsprechende Vorsichtsmaßnahmen ergreifen, damit der Hund niemanden belästigt, nichts anstellt, aber auch niemand ihn ärgern oder verstören kann.

Hunde lernen ständig; ob es der Mensch bemerkt oder nicht.

Beschäftigung mit dem Hund

Auch wenn es nicht unbedingt in dieses Kapitel gehört, sei doch darauf hingewiesen, dass kein noch so schöner Garten, Zwinger oder Hundehütte die Beschäftigung des Menschen mit dem Hund und den Spaziergang mit ihm ersetzen kann. Viele Erziehungsprobleme würden sich von selbst erledigen, wenn die Besitzer den Bedürfnissen ihres Tieres nach sinnvoller Beschäftigung und ausreichender Bewegung sorgfältiger Rechnung tragen würden. Manche Verhaltensstörungen und Erziehungsprobleme haben ihre Ursache darin, dass der Hund sich schlicht und ergreifend langweilt, da er seinen »ach so schönen Garten« auswendig kennt und auch den Spazierweg um die Ecke. Überlegen Sie einmal, welche Wirkung es auf Sie hätte, wenn Sie jahrein, jahraus immer nur dasselbe sehen, riechen und wahrnehmen müssten.

Sie können ebenfalls nicht erwarten, dass Ihr Hund Einsicht in die Erfordernisse des Straßenverkehrs erlangt. Selbst Hunde, die schon Zusammenstöße mit Autos hatten, haben ihr »unvernünftiges« Verhalten, bei Verkehr über die Straße zu laufen, nicht geändert. Dahingegen können Sie Ihrem Hund bei entsprechendem Üben beibringen, den Gehwegrand zu akzeptieren und nur auf Aufforderung über die Bordsteinkante zu treten. Dies setzt aber voraus, dass Sie Ihren Hund für eine lange Zeit kontrollieren, immer wieder an der Kante anhalten lassen (mit Leine!) und erst mit einem entsprechenden Hörzeichen (hier können Sie durchaus das sonst gebräuchliche LAUF verwenden) weitergehen lassen.

Wie viele Hörzeichen können Hunde lernen?

Untersuchungen haben ergeben, dass ein durchschnittlich begabter Hund etwa vierzig Hörzeichen erlernen und zuverlässig unterscheiden kann. Die Basiserziehung mit SITZ, PLATZ, FUSS, KOMM und LAUF stellt also wirklich nur eine Minimalanforderung dar.

Hörzeichen nur einmal geben

Geben Sie dem Hund ein Hörzeichen, so gewöhnen Sie sich gleich daran, dass alle Hörzeichen, egal ob SITZ oder PLATZ, nur ein einziges Mal gegeben werden. Ignoriert der Hund Sie, müssen Sie sofort reagieren. Sofort bedeutet nicht erst nach fünf Sekunden, sondern eben in dem Moment, in dem Sie den Mund wieder zugemacht haben. Keinesfalls soll Ihr Hund lernen, dass Sie immer alles dreimal sagen, bevor Sie es dann definitiv durchsetzen. Möchten Sie, dass Ihr Hund zuverlässig gehorchen lernt, ist eine sofortige Korrektur unabdingbar. Andernfalls geben Sie Ihrem Hund das Gefühl, dass Sie die Hörzeichen nicht ernst meinen, und entsprechend wird er sich dann auch verhalten. Der Hund empfindet eine mehrfache Aufforderung als Bitte von Ihnen, der er vielleicht gewillt ist nachzukommen, wenn er Lust hat. Können Sie sich vorstellen, dass der Hund so in Ihnen den geliebten Rudelführer entdeckt, dem er bereitwillig und gern gehorcht? Wohl kaum. Hunde haben sehr sensible Antennen für die Ernsthaftigkeit menschlicher Anweisungen. Das sollten Sie immer bedenken.

Brian kann es schon: Sitz und Bleib. Doch die aufmerksame Kontrolle der Besitzerin ist wichtig.

Seien Sie konsequent!

Konsequent sein heißt zum einen, all das, was man vom Hund fordert, sofort durchzusetzen, und zum anderen die tägliche Wiederholung des Gelernten. Zu Beginn der Erziehung kann man nur dann konsequent sein, wenn man vom Hund nur solche Dinge verlangt, die er auch beherrscht.

Gehorchen als Gewohnheit

Gehorchen kann auch zur Gewohnheit werden, wenn etwas nur oft genug verlangt wird. Ein Hund, der einmal in der Woche SITZ oder PLATZ befolgen soll, wird es sich jedes Mal überlegen, ob er folgt oder nicht. Ein Hund, der ein Hörzeichen zehnmal am Tag befolgt, reagiert bald automatisch, ohne darüber nachzudenken.

Stimmungsübertragung

Hunde sind sehr gute Beobachter und reagieren stark auf Stimmungen. Sicher haben Sie schon erlebt (oder werden es erleben), dass Ihr Hund Sie »trösten« kommt, wenn Sie in gedrückter oder trauriger Stimmung sind. Dieses »Mitfühlen« kann man sich in der Erziehung zunutze machen.

Versuchen Sie, in Ihrem Lob und Ihrer Korrektur Ihre Stimmung deutlich zu übertragen. Insbesondere beim Lob können Sie mit richtig angewandter Stimmungsübertragung sehr viel erreichen. Versuchen Sie einmal folgendes: Rufen Sie Ihren Hund mit sehr hoher und freudiger Stimme: »Ja, komm, ja, ja, ja, ja, wo ist er denn, ja, komm, ja, ja, ja.« Alles so hoch und exaltiert wie möglich, eventuell mehrmals hintereinander. Zugegebenermaßen sieht es geschrieben reichlich albern aus und hört sich auch genauso ungewohnt an. Richtig angewandt, werden Sie bei vielen Hunden einen durchschlagenden Erfolg erzielen: Wo so viel Spaß ist, will er auch hin, nämlich zu Ihnen.

Tipp

Hunde begreifen einfache Übungen wie SITZ, PLATZ und KOMM sehr schnell. Das heißt aber nicht, dass sie diese Hörzeichen auch prompt oder gar zuverlässig ausführen. Hier hilft nur eines: Üben und nochmals üben. Optimal sind täglich dreimal zehn Minuten mit anschließendem Belohnungsspiel.

Lob

Gelobt wird immer direkt im Anschluss an eine erfolgreich absolvierte Übung. Also sofort, wenn der Hund beispielsweise das von Ihnen verlangte PLATZ durchgeführt hat. Ein Lob, das zu spät erfolgt, z. B. wenn bereits einige Sekunden verstrichen sind, wird von dem Hund nicht mehr mit der Übung in Verbindung gebracht.

Auch beim Loben ist es wichtig, die Stimme entsprechend einzusetzen. Mit einem »So war's brav« in Ihrer Alltagstonlage ist es nicht getan. Dem Hund muss über Ihre Stimme vermittelt werden, dass das, was er da gerade geleistet hat, etwas ganz Phantastisches war und in Ihnen hellste Begeisterungsstürme hervorruft.

Leckerchen

Viele Leute halten Leckerchen in der Hundeerziehung für ein Zeichen der Schwäche oder gar Unfähigkeit des Besitzers. Natürlich kann man einen Hund auch ohne Leckerchen erziehen, sogar ohne Lob. Doch dies ist nur mit sehr viel Härte, Druck und Zwang möglich und ergibt mit Sicherheit keinen Hund, der Spaß an der Erziehung hat. Außerdem

Lustvolles Spiel mit dem Menschen ist Belohnung!

wird der erzwungene Gehorsam nie so zuverlässig wie ein Gehorsam, der auf positivem Lernen fußt.

Gerade in der Welpenerziehung gibt es neben dem Spiel nichts Besseres als Loben und Leckerchen. Loben müssen Sie für jedes befolgte Hörzeichen. Ein Belohnungshäppchen gibt es nur zu Beginn (die ersten paar Wochen) der Erziehung für SITZ und PLATZ. Für das Kommen auf Zuruf gibt es bis etwa zum 9. Monat immer ein Leckerchen

Für das Belohnungsspiel nimmt man immer ein Spielzeug.

Am besten das Lieblingsspielzeug des Hundes.

(ebenso bei der Korrekturerziehung des erwachsenen Hundes während der ersten Monate der Erziehung!).

Verstärkung

Von der Wahl des richtigen Zeitpunktes für Lob und Korrektur hängt sehr viel ab. Hunde können nur Dinge, die zeitgleich oder fast gleichzeitig passieren, miteinander in Verbindung bringen bzw. verknüpfen. »Fast gleichzeitig« bedeutet in der Hundewelt zwei bis maximal drei Sekunden! Was heißt das nun für die Erziehung? Angenommen, Sie möchten Ihrem Hund Sitz beibringen. Der optimale Zeitpunkt für das obligatorische Lob ist hier, wenn das Hinterteil des Hundes auf dem Boden ankommt. Dann ist der Hund in der Lage, seine Handlung mit Ihrem Lob zu verknüpfen. Verspätetes Lob freut den Hund zwar, ist aber ohne Nutzen für das Lernen.

Regeln für den Alltag

Die folgenden Maßnahmen sind mindestens genauso wichtig wie die Vermittlung der grundlegenden Hörzeichen und garantiert gewaltfrei. Mit der Beachtung dieser Regeln drücken Sie Dominanz aus.

Kein erhöhtes Liegen

Gestatten Sie dem Hund nicht, erhöht zu liegen, also kein Ruhen auf Sofa, Bett oder Sessel. Dies gilt auch für das hundeeigene Sofa. Erhöhte Plätze sollten Ihnen als Rudelführer vorbehalten sein.

Futterrangordnung ausnutzen

Lassen Sie Ihren Hund nicht unter dem Tisch liegen, während Sie essen. Eine Distanz von ein bis zwei Metern sollte er hier immer einhalten. Fressen ist in der Regel äußerst wichtig für Hunde. Damit nutzen Sie die für Hunde wichtige Futterrangordnung zu Ihren Gunsten.

Sie essen zuerst

Geben Sie Ihrem Hund nichts vom Tisch. Sie als Rudelführer geben prinzipiell nichts von Ihren Leckerbissen ab! Füttern Sie den Hund erst, nachdem Sie selbst gegessen haben. So können Sie sich vor dem Hund wichtig machen. Drängelt er in der ersten Zeit, weil er dies nicht gewohnt ist, lassen Sie sich nicht beirren. Ignorieren Sie den Hund komplett.

Aus dem Weg

Liegt Ihr Hund Ihnen permanent im Weg, wenn Sie in Ihrer Wohnung sind, so gehen Sie nicht rücksichtsvoll um ihn herum, sondern verlangen Sie, dass er aufsteht und Ihnen den Weg freigibt.

Sie gehen zuerst

Verlangen Sie beim Auf- und Abgang von Treppen, dass Ihr Hund hinter Ihnen läuft. Dies gilt auch für Türen. Auch hier gehen Sie immer zuerst. Um dies durchsetzen zu können, sollten Sie den Hund solange dabei immer an der Leine haben, bis er

Ihnen unangeleint den Vortritt lässt. Daran, wie schwer dies durchzusetzen ist, merken Sie, wie wichtig es für den Hund ist, immer und überall als Erster seine Nase durchzustecken. So banal, wie Ihnen diese Tipps auch erscheinen mögen, so hilfreich sind sie doch in der Erziehung des Hundes und so negativ wirkt es sich im allgemeinen aus, diese Punkte nicht zu beachten. Viele Menschen sind der Meinung, Hundeerziehung beschränke sich auf SITZ, PLATZ, FUSS. Alltagsregeln sind jedoch weitaus wichtiger.

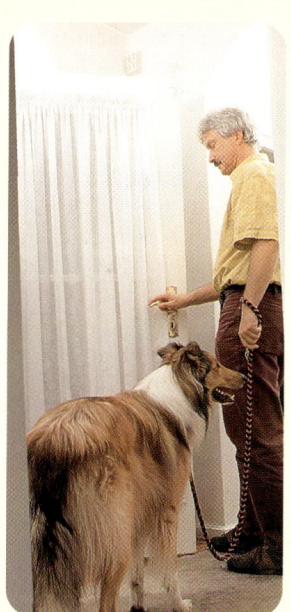

Umweltsozialisation für Welpen

Ihr Hund ist nie wieder so neugierig und »mutig« wie im Welpenalter. Er wird fremden Reizen und Situationen nie wieder so offen und unbefangen gegenübertreten wie in seinen ersten Lebensmonaten. Was der Welpe in diesem Alter kennen lernt, ist für ihn normal und ungefährlich! Verpassen Sie diese wichtige Phase und ziehen Ihren Welpen z. B. ausschließlich in einer ruhigen Wohngegend groß, kann es sein, dass er als erwachsener Hund in jeder fremden Situation mit Aggression oder Angst, bis hin zur Panik reagiert.

Nicht überfordern!
Bei aller Notwendigkeit der Umweltsozialisation sollte der Welpe natürlich nicht überfordert werden. Kurze Gewöhnungszeiten von etwa fünfzehn bis zwanzig Minuten sind in der Regel ausreichend.

Fremde Menschen
Ihr Welpe sollte möglichst viele fremde, freundliche Menschen unter Kontrolle des Besitzers kennen lernen. Die Familie reicht bei weitem nicht aus. Achten Sie darauf, dass

In Welpengruppen lernen die Hunde viele andere Hunde ...

der Welpe auch Babys, Krabbel- und Kleinkinder kennen lernt sowie schreiende und rennende Kinder (am Kindergarten und Schulhof spazieren gehen).

Stadtgänge
Setzen Sie sich einfach in eine Fußgängerzone und lassen Sie Ihren Hund staunen. Passen Sie auf, dass der Welpe nicht getreten oder angerempelt wird. Er soll positive Erfahrungen sammeln und nicht negative! Nehmen Sie ihn notfalls auf den Arm, wenn das Gedränge zu groß wird!

... und freundliche, fremde Menschen kennen.

Auch der Umgang mit Kindern ist für einen Welpen wichtig.

Gehen Sie mit ihm auch in ein Kaufhaus und gewöhnen Sie ihn an das Aufzugfahren.

Verkehr

Ihr Welpe muss sich sowohl bei ruhigem als auch bei starkem und schnellem Verkehr sicher fühlen. Gehen Sie nicht nur in Ihrem Wohngebiet, sondern auch an belebten Straßen spazieren, ruhig auch öfter einmal an einer Schnellstraße! Vergessen Sie dabei nicht, ihn auch mit großen Lastwagen, Baumaschinen, Trecker, Müllauto und Straßenkehrmaschine zu konfrontieren. Dies alles soll selbstverständlich ausschließlich an der Leine stattfinden!

Bus und Bahn

Fahren Sie Bus mit dem Welpen. Ganz kleine Welpen nehmen Sie auf den Arm, Junghunde können angeleint schon selbstständig ein- und aussteigen. Setzen Sie sich auch an den Bahnsteig, und bleiben Sie so lange, bis der Welpe ein- und ausfahrende Züge relativ gelassen hinnimmt.

Körperkontrolle ist wichtig:

Untersuchen Sie regelmäßig die Pfoten ...

Körperkontrolle und Pflege

Der Welpe muss sich überall anfassen lassen, auch an den Geschlechtsteilen und Augen (Unterlid leicht herunterziehen, lassen Sie es sich vom Tierarzt zeigen!). Üben Sie regelmäßig Zahn- und Pfotenkontrolle.

Auch kurzhaarige Rassen sollten das Bürsten kennen lernen. Mittel- und langhaarige Rassen müssen intensiv daran gewöhnt werden, dass es auch einmal ziepen kann!

Rassen, die später getrimmt und/oder geschoren werden, sollten jetzt einen mit positiven Erfahrungen besetzten Besuch im Hundesalon machen! Die Gewöhnung an das Geräusch der Schermaschine besonders im Kopfbereich sollte ebenfalls in der Welpenzeit erfolgen.

Egal, in welcher Jahreszeit Sie Ihren Welpen aufziehen, er muss lernen, sich die Pfoten waschen und abtrocknen zu lassen. Im Sommer sollten Sie ihn zusätzlich einmal

... die Zähne ...

... und die Ohren!

baden (ohne Shampoo oder mit Hundeshampoo).
Üben Sie so oft und so lange, bis Ihr Welpe alles akzeptiert.

Tierarztbesuch

Achten Sie darauf, dass die Tierarztbesuche möglichst positiv besetzt werden. Dies ist natürlich sehr schwierig, da der Hund in der Regel eine Spritze bekommt oder sonstige unangenehme Behandlungen über sich ergehen lassen muss. Nehmen Sie besonders gute Leckerchen mit, um die Besuche erträglich zu machen.

Lassen Sie sich auch wichtige Punkte der Körperkontrolle zeigen und wie man dem Welpen eine Tablette verabreicht. Bedauern Sie den Hund beim Tierarzt nicht, sondern versuchen stattdessen eine fröhliche Stimmung auszustrahlen. Begrüßen Sie den Tierarzt wie einen alten Bekannten. Damit nehmen Sie Ihrem Hund die Angst.

Hundebegegnungen

Viel Hundekontakt bedeutet Hunde aller Altersstufen! Besonders wichtig ist der regelmäßige Kontakt zu gleichaltrigen Welpen und zu freundlichen und gut sozialisierten älteren Hunden. Der Besuch einer gut geführten Welpenspielgruppe ist unerlässlich! Drei oder vier Nachbarshunde reichen nicht aus! Bitte warten Sie mit dem Besuch einer guten Welpenspielgruppe nicht, bis der volle Impfschutz greift. Dies ist nämlich erst ca. ab der 14. Woche der Fall, und damit haben Sie die wichtigste Sozialisierungsphase verpasst! Das Risiko einer Ansteckung trifft Sie dagegen auch bei Spaziergängen, und die Gefahr einer massiven Verhaltensstörung bei fehlenden Hundekontakten ist sehr groß.

Gewöhnung an Wasser

Fangen Sie mit kleinen Bächen an, und gehen Sie mit gutem Beispiel voran! Zwingen Sie Ihren Hund nie, sondern locken Sie ihn notfalls mit Trockenfisch oder anderen attraktiven Leckerchen, spielen Sie am Ufer, oder setzen Sie sich einfach lange Zeit daneben. Begeisterte »Wasserhunde« als Vorbild können eine Hilfe sein. Gewöhnen Sie den Hund langsam an größere Bäche und Seen, schwimmen Sie voran! Winterwelpen sollten zumindest an kleinere Bäche gewöhnt werden und so bald wie möglich an größere! Auch innerhalb des Hauses sollte Wasser kein Problem sein. Nutzen Sie die Zeit, in der der Hund noch klein ist. Setzen Sie ihn auch mal in die Dusche und brausen ihn sanft ab.

Wildreiche Gebiete meiden

Ob Ihr Hund ein »Jäger« wird oder nicht, kann von Ihnen entscheidend beeinflusst werden! Die Bekämpfung eines einmal gefestigten Jagdverhaltens beim erwachsenen Hund erfordert mehrere Monate intensives Gehorsamstraining. Auch danach ist es für das restliche Hundeleben Gebot, wildreiche Gebiete zu meiden und somit Gefahrensituationen erst gar nicht entstehen zu lassen.

Beginnt man frühzeitig mit der Welpenerziehung, so kann man dieses Problem weitgehend in den Griff bekommen. Jedoch nur, wenn das »Kommen auf Zuruf« sicher funktioniert (siehe S. 20 ff.)

Der Spezialist in Aktion. Doch der Erziehung kann dies schaden!

Fixieren ist der erste Schritt zur Jagd

Schon das genaue Fixieren z. B. einer Katze oder eines Joggers ist als Vorbote (in der Regel ab dem 4. Monat oder später) zu betrachten, auch wenn der Hund noch nicht zur Verfolgung ansetzt. Rufen Sie den Hund zu sich. Unterstützend setzen Sie dabei die Schleppleine ein. Kommt er, folgt als Belohnung eine freudige Begrüßung mit gleichzeitigem Leckerchen. Noch besser ist ein kurzes Spiel mit dem Lieblingsspielzeug des Hundes als Alternative zur Jagd! Sicherlich können Sie sich vorstellen, dass es erheblich leichter ist, den Hund aus dieser Situation heranzurufen, als wenn er bereits Nachbars Katze hetzt. Das heißt für Sie, dass diese Situation eingeübt werden muss. Begehen Sie nicht den Fehler zu glauben, nur weil Ihr

Welpe im Alter von beispielsweise 12 Wochen nicht zur Verfolgung von Federvieh oder sonstigem ansetzt, würde das in alle Ewigkeit so bleiben. Seien Sie aufmerksam, beobachten Sie genau, betrachten Sie das Heranrufen des fixierenden Hundes als einen von Ihnen gesteuerten Lernprozess. Wiederholen Sie dies oft genug, solange der Hund noch nicht auf den »Geschmack« gekommen ist, dass Hetzen Spaß macht, und Ihr Welpe wird lernen, dass es wesentlich interessanter ist, zu Ihnen zu kommen (schließlich gibt's da was!). Verpassen Sie diese Phase nicht, in der der junge Welpe noch mit dem Fixieren der vermeintlichen Beute beschäftigt ist. Dazu müssen Sie Zeit mitbringen. Diese Phase des Fixierens ist kurz und muss täglich ausgeschöpft werden, so gut es nur geht.

Kommen auf Zuruf

Schleppleine

Beginnen Sie, sobald der Welpe zwei bis drei Tage bei Ihnen im Haus gelebt hat! Bei den meisten Welpen ist die Schleppleine überflüssig, wenn man früh genug anfängt, den Folgetrieb in der beschriebenen Weise in die gewünschten Bahnen zu lenken. Manche Besitzer fühlen sich jedoch unsicher und trauen sich nicht recht, ihren Welpen von der Leine zu lassen. Hier kann Ihnen eine lange, sehr dünne Leine (keine Flexileine) von 5 bis 10 m die nötige Sicherheit und Gelassenheit geben.

Fühlen Sie sich in irgendeiner Situation unsicher, z. B. wenn ein Jogger naht, nehmen Sie die Leine dezent auf und laufen weiter, als wenn gar nichts wäre. So können Sie durch einen kleinen Ruck an der Leine auch verhindern, dass Ihr Welpe dem Jogger hinterher rennt und Ihr Rufen ignoriert. Prinzipiell sollten Sie aber so locker und ruhig wie möglich an potentiellen Reizquellen vorbeilaufen und dem Hund erst gar nicht durch aufgeregtes Rufen das Gefühl geben, dass es sich hier um etwas Besonderes handelt. Sind Sie an der Reizquelle vorbei, lassen Sie genauso dezent die Leine wieder fallen, wie Sie sie aufgenommen

So ist es richtig! Fröhliches Herankommen mit Belohnungsleckerchen.

haben. Mit der Zeit sollten Sie in der Lage sein, die Leine schrittweise zu verkürzen und schließlich ganz wegzulassen.

Hör- und Sichtzeichen

Verwenden Sie als Hörzeichen nicht den Namen Ihres Welpen. Überlegen Sie einmal, wie oft Sie den Namen Ihres Hundes im Alltag nennen! Die Wahrscheinlichkeit, dass der Hund dies als verbindliches Hörzeichen akzep-

Der Hund muss erst ganz zu seinem Menschen herankommen.

Erst dann gibt es das Leckerchen.

tiert, ist sehr gering. Verwenden Sie also besser ein Wort wie HIER und KOMM.

Ein eigenes Sichtzeichen ist nicht unbedingt nötig, wichtiger ist eine freundliche Haltung. Zusätzlich können Sie einen glatten Pfiff verwenden, wenn Sie möchten.

Das Herankommen

Der Ablauf des Herankommens sollte immer gleich sein: Sie rufen und/oder pfeifen nach Ihrem Welpen. Sobald er auch nur in Ihre Richtung schaut, beginnen Sie mit überschwänglichem Lob. Ignoriert Ihr Hund das 1. Hörzeichen, so bewegen Sie sich schnell von ihm weg. Ist er bei Ihnen angekommen, fassen Sie mit einer Hand nach dem Halsband, um ihn festzuhalten. Aus der anderen Hand bekommt er das (hoffentlich schon bereitgehaltene) Leckerchen. Sie loben dabei weiter und knuddeln ihn liebevoll. Nach einigen Sekunden darf er dann mit Hörzeichen LAUF wieder frei laufen.

Unangekündigte Richtungswechsel

In die täglichen Erziehungsspaziergänge sollten Sie möglichst viele unangekündigte Richtungswechsel einbauen. Laufen Sie vor und zurück und im Zickzack.

Fahren Sie mit Ihrem Vierbeiner in unbekanntes Gebiet und lassen Sie ihn dort frei oder an der langen Leine, die über den Boden schleift, laufen. Bereits nach wenigen Schritten drehen Sie sich vom Hund weg und bewegen sich in die entgegengesetzte Richtung.

Wichtig ist hier Ihre Beobachtungsgabe, um im richtigen Moment entsprechend zu reagieren. Das bedeutet, dass Sie den Welpen in jedem Fall beobachten, während Sie sich von ihm wegbewegen.

Optimal ist es, den Welpen erst dann zu rufen, wenn er bemerkt hat, dass Sie in eine andere Richtung weitergelaufen sind, und umdreht, um zu Ihnen zu kommen. So lernt der Hund, dass er keinesfalls jedes mal eine Standortmeldung von Ihnen bekommt, wenn Sie in eine andere Richtung laufen möchten. Er lernt, dass er aufpassen muss, wo Sie hinlaufen. Sobald Sie sehen, dass der Welpe zu Ihnen unterwegs ist, gehen Sie in die Hocke und rufen

»Missbraucht« Ihr Hund die Schleppleine zum Ziehen, immer Richtung wechseln!

so freudig wie möglich (eventuell zusätzlich pfeifen). Ist der Hund bei Ihnen angekommen, fassen Sie ihn wie beschrieben am Halsband, geben ihm sein Leckerchen und knuddeln ihn kurz und freundlich.

Mit dem Hörzeichen LAUF geben Sie ihn frei, und weiter geht's.

Bereits zu diesem Zeitpunkt muss der Hund durch freudiges Loben unterstützt werden.

KOMM mit Hilfsperson

Ein weiteres gewinnbringendes Erziehungsspiel kann mit Hilfe einer zweiten Person durchgeführt werden. Um den Hund hier nicht in einen Konflikt zu stürzen, sollte es sich bei dieser Hilfsperson nicht um eine weitere enge Bezugsperson des Hundes handeln.

Sie befinden sich erneut in fremder Umgebung auf einem Erziehungsspaziergang. Ablenkung durch andere Hunde sollte nicht vorhanden sein. Bitten Sie die Hilfsperson, den Hund festzuhalten, ohne jedoch irgendwelche Hörzeichen zu geben und ohne den Hund anzusprechen.

Entfernen Sie sich schnellen Schrittes vom Hund. Rufen Sie ihn dabei freudig. Sie können zusätzlich sein Lieblingsspielzeug in der Hand halten und, während Sie weggehen, damit winken. Haben Sie das Gefühl, dass der Hund freudig erregt zu Ihnen möchte, so geben Sie Ihrer Hilfsperson ein Zeichen, den Hund loszulassen, und rufen ihn freundlich. Bei Ihnen angekommen, wird er belohnt. Bei Ihnen angekommen, wird er belohnt durch ein Leckerchen und/oder ein kurzes spannendes Spiel. Diese Übung kann nur durchgeführt werden, wenn sich der Hund genügend für seinen sich entfernenden Besitzer interessiert, was bei einem jungen Welpen eigentlich die Regel ist bzw. sein sollte.

Diese Übung ist ausgezeichnet dafür geeignet, das Kommen zu trainieren: einfach durchzuführen und erfolgreich. Nutzen Sie sie regelmäßig und bauen Sie sie in Ihren täglichen Spaziergängen ein.

Versteckspiel

Auch beim Versteckspiel ist eine gute Beobachtungsgabe unerlässlich. Nutzen Sie die Unaufmerksamkeit
des Hundes geschickt aus. Sobald der Welpe nicht nach
Ihnen schaut, springen Sie hinter den nächstbesten
Baum, Holzstoß o. ä. Sie müssen jedoch noch die Möglichkeit haben, den Welpen zu beobachten. Die meisten
Welpen merken sehr schnell, dass sie plötzlich alleine
sind, und suchen kreisend nach ihrem Rudel. Lassen
Sie den Welpen ruhig kurze Zeit suchen. So lernt er,
dass es für ihn äußerst unangenehme Konsequenzen
hat, wenn er nicht nach Ihnen schaut. Dann rufen Sie
den Hund, möglichst soll er Sie »finden«. Fällt ihm dies
zu schwer, treten Sie aus Ihrem Versteck und helfen
ihm so bei der Suche. Das Wiedersehen erfolgt selbstverständlich überschwänglich und mit Belohnung.
Sie werden merken, dass Ihr Welpe Ihnen nach einigen
erfolgreichen Versteckspielen gar nicht mehr die Möglichkeit lässt, sich zu verstecken. Schließlich hat er etwas gelernt. Nutzen Sie die erzieherische Wirkung des
Versteckspiels regelmäßig auf jedem Spaziergang.

**Der Hund hat seinen Menschen gefunden: Nun ist die
Freude riesengroß.**

Auch beim Versteckspiel gilt: Immer eine Belohnung nach dem erfolgreichen Kommen.

Wann müssen Sie sofort aus dem Versteck treten?

Reagiert Ihr Welpe zu kopflos, sobald er den »Verlust« bemerkt, müssen Sie natürlich sofort aus Ihrem Versteck kommen.

Das gleiche gilt auch, wenn Sie das Gefühl haben, dass es den Hund überhaupt nicht interessiert, dass Sie weg sind. Dies kommt bei jungen Welpen jedoch höchst selten vor und ist in der Regel ein untrügliches Zeichen dafür, dass in der Mensch-Hund-Beziehung etwas nicht stimmt. Leistet sich Ihr Welpe bereits so viel Ignoranz, dass er Sie nicht mehr sucht, sollten Sie professionelle Hilfe in Anspruch nehmen, um dem Hund später ein lebenslanges Dasein an der Leine zu ersparen.

Immer ein Leckerchen

Ihr Hund bekommt immer ein Leckerchen, wenn er auf Ihren Ruf reagiert. Der richtige Zeitpunkt, die Belohnungsleckerchen für das Kommen einzustellen ist gekommen, wenn Sie mit dem Erziehungsstand des Hundes rundherum zufrieden sind. Doch auch dann bauen Sie die Belohnung nicht gänzlich ab, sondern geben weiterhin gelegentlich noch ein Leckerchen. Dies hält die Erwartungshaltung Ihres Hundes aufrecht.

Herankommen muss immer positiv sein

Niemals darf das Herankommen für den Hund negativ sein, egal was er vorher angestellt hat, egal wie oft Sie ihn rufen mussten. Sobald er einen Schritt in Ihre Richtung gemacht hat, muss er Leckerchen und Lob bekommen.

Nicht nur zum Anleinen rufen

Achten Sie darauf, Ihren Hund nicht nur dann heranzurufen, wenn Sie ihn anleinen müssen. Dies ist für den Hund vollkommen unattraktiv und lehrt ihn, dass der Spaß vorbei ist, sobald Ihr Rufen ertönt. Der Hund lernt so, Sie zu

Der Traum eines jeden Hundebesitzers: Freudig und schnell kommt er auf Zuruf.

meiden. Rufen Sie Ihren Hund heran, um ihn anzuleinen, muss er, bevor der Leinenklick ertönt, unbedingt ausführlich gelobt werden und das obligatorische Leckerchen erhalten.

Kein Hörzeichen SITZ entgegenrufen

Haben Sie bereits erreicht, dass der Hund sich auf Ihren Ruf auf Sie zu bewegt, rufen Sie ihm keinesfalls ein SITZ entgegen. Dies betrachtet der Hund nicht als Belohnung, sondern als Einschränkung.
Er wird wiederum versuchen, Sie zu meiden, sobald Ihr Ruf ertönt.

Nie aussichtslos rufen

Soweit es sich vermeiden lässt, soll der Hund nicht aus Situationen herangerufen werden, in denen Sie als Besitzer erfahrungsgemäß wissen, dass er ohnehin nicht kommt. Der Hund lernt sonst systematisch das »Nicht-Kommen«.

Nie hinterher rennen

Rennen Sie Ihrem Hund nicht hinterher, wenn er auf Ihr Zurufen nicht reagiert. Er fasst dies als lustiges Rennspiel auf. Entfernen Sie sich möglichst schnell von ihm in die entgegengesetzte Richtung. Sobald er Ihnen hinterherläuft, rufen Sie ihn freudig und belohnen ihn.

Spaziergänge in reizarmer Umgebung

Begeben Sie sich in den ersten Trainingswochen einmal täglich beim Spaziergang mit Ihrem Hund in eine möglichst reizarme Umgebung. Hier lassen Sie ihn frei (ggf. natürlich an der Schleppleine) laufen. Reagiert er nicht auf Ihr Rufen, bewegen Sie sich von ihm weg.

Situationen geschickt nutzen

Beobachten Sie den Hund bei diesen Spaziergängen intensiv und aufmerksam: Läuft er ohnehin gerade auf Sie zu, so rufen Sie ihn (immer) und belohnen ihn. Das gilt auch für Situationen, in denen der Hund wenig abgelenkt ist und Sie erfahrungsgemäß wissen, dass er auf Ihr Rufen reagiert. Reagiert er nicht, bewegen Sie sich in die entgegengesetzte Richtung von ihm weg. Sobald er auf Sie zuläuft, rufen und belohnen Sie ihn.

SITZ

Lernziel

Der Hund soll sich auf ein einmaliges Hör- und/oder Sicht-zeichen hin setzen und so lange auch unter Ablenkung sitzen bleiben, bis er die Erlaubnis bekommt, wieder aufzu-stehen.

In den ersten Trainingswochen benötigen Sie ein Halsband und eine gewöhnliche Leine (ca. 2 m). Danach eine länge-re Leine (5 bis 10 m), damit Sie den Abstand zum Hund stei-gern können.

Hör- und Sichtzeichen

Als Hörzeichen bietet sich natürlich SITZ an. Ausgesprochen wird es freundlich und sehr langgezogen, also Siieetz. Als Sichtzeichen hat sich der erhobene Zeigefinger bewährt.

Schritt für Schritt

Wir gehen davon aus, dass der Hund mindestens ca. 8 bis 10 Wochen alt ist, aber auch ein älterer Hund kann über diese Methode lernen. Wir beginnen in reizarmer Umge-bung (z. B. zu Hause im Wohnzimmer oder auf einer ruhi-gen Wiese). Nehmen Sie ein Leckerchen zur Hand – dies

sollte möglichst klein sein – und halten es dem Hund über die Nase. Jeder nur halbwegs verfressene Hund wird sich setzen, um Sie und das Leckerchen besser sehen zu können. Just in dem Moment, in dem der Hintern am Boden

ankommt, geben Sie das Hör- und Sichtzeichen SITZ und das Leckerchen dazu, gleichzeitig loben Sie tüchtig mit der Stimme. Ganz wichtig: Geben Sie das Hörzeichen erst, wenn der Hund auch wirklich sitzt.

Arbeiten Sie zunächst nur an der Leine, damit sich der Hund nicht entziehen kann. Sie können am Anfang auch ruhig in der Wohnung üben, wenn es Ihnen draußen zu unruhig ist und der Hund ständig abgelenkt wird.

SITZ verlangen

Bei eifrigem Üben bemerken Sie nach einigen Tagen, dass sich Ihr Hund hinsetzt, sobald Sie Leckerchen in der einen und den erhobenen Zeigefinger ins Spiel bringen. Dass dies in Situationen mit viel Ablenkung noch nicht der Fall ist, soll Sie nicht irritieren. Nun können Sie beginnen, mit dem Hund zielgerichtet SITZ zu üben, das heißt: Sie können SITZ verlangen!

Nehmen Sie den Hund an die Leine, gehen Sie in den Garten oder üben in der Wohnung. Die Leine ist für die nächsten Wochen beim Üben immer anzulegen. Nur so können Sie definitiv vermeiden, dass der Hund sich Ihrem Einfluss entzieht.

Nun beginnen Sie mit der Leine in der einen, dem Spielzeug und/oder Leckerchen in der anderen Hand kurze Übungseinheiten. Geben Sie das Hörzeichen SITZ, zusätzlich mit dem schon bekannten Sichtzeichen, wiederum Leckerchen über die Nase. Sitzt der Hund, folgen überschwängliches Lob, Hörzeichen LAUF, kurzes Belohnungsspiel.

Diese Übung sollten Sie keinesfalls durchführen, wenn Ihr Hund müde ist, da er sich dann hinlegen wird.

Keine Lust auf Leckerchen?

Hat Ihr Hund kein Interesse an Leckerchen, sollten Sie dringend die Fütterungssituation kontrollieren. Der Hund darf keinesfalls den ganzen Tag Futter zur freien Verfügung haben, da dies sowohl die Erziehung zur Stubenreinheit als auch die notwendige Futtermotivation in der Erziehung erschwert oder gar unmöglich macht. Außerdem müssen möglichst attraktive Leckerchen gewählt werden. Die meisten Hunde, auch solche die etwas wählerischer sind, lieben Trockenfisch. Probieren Sie es aus!

Sanfter Druck ist durchaus erlaubt, aber erst wenn der Hund begriffen hat, was Sitz bedeutet.

Braucht der Hund zu häufig körperliche Unterstützung, muss regelmäßiger geübt werden.

Sitzen bleiben

Nach einigen Tagen können Sie beginnen, das Sitzen abzusichern. Das heißt, der Hund soll nun lernen, sich nicht nur zu setzen, sondern auch sitzen zu bleiben, sobald Sie das Hörzeichen SITZ geben.

Beginnen Sie wiederum in einer Umgebung ohne Ablenkung, geben Sie Hör- und Sichtzeichen SITZ und loben Ihren Hund. Nach kurzer Zeit wird der Hund der Meinung sein, lange genug gesessen zu haben, und wird aufstehen. Sprechen Sie ein Korrekturwort, z. B. NEIN oder FALSCH, nehmen Sie die Leine, und führen Sie ihn an die Stelle, an der er ursprünglich gesessen hat. Erneutes Hör- und Sichtzeichen SITZ, freundliches Lob.

Gestatten Sie anschließend dem Hund mit LAUF sich aus dem SITZ zu erheben.

Der Hund legt sich hin

Oft kommt es vor, dass sich der Hund hinlegt, nachdem das Hörzeichen SITZ gegeben wurde. Ziehen Sie ihn in einem solchen Fall sanft an der Leine nach oben, und geben Sie ihrem Hörzeichen SITZ einen freundlichen Klang, da

Auch unter Ablenkung: Brav bleibt der Hund sitzen. Steht er auf, wird er korrigiert.

er sonst bei grober Zurechtweisung erst recht nicht mehr aufstehen wird, da er Angst bekommt. Wenn Sie möchten, können Sie in den ersten Wochen unterstützend auch noch ein Leckerchen über die Nase des Hundes halten. Dann entlassen Sie ihn mit LAUF.

Frauchen hat das Spielzeug schon in der Hand, doch Red darf noch nicht aufstehen.

Sobald sie das Sitz aufgehoben hat, wird Red mit einem kurzen Belohnungsspiel belohnt.

PLATZ

Lernziel

Der Hund soll sich auf ein einmaliges Sicht- und/oder Hörzeichen sofort hinlegen und so lange, auch unter Ablenkung, liegen bleiben, bis ihm erlaubt wird, aufzustehen.

Hör- und Sichtzeichen

Als Sichtzeichen verwenden wir die flache Hand, die vor dem Hund zu Boden geführt wird. Das Hörzeichen PLATZ unterscheidet sich im Ton vom Hörzeichen SITZ. Wir geben unserer Stimme einen entschiedenen, etwas energischeren Ton.

Schritt für Schritt

Knien Sie sich hin, dann stellen Sie ein Bein aufrecht, so dass eine Art Tunnel entsteht. Machen Sie Ihren Hund nun mit freudigen Lauten darauf aufmerksam, dass sich in Ihrer Hand ein Leckerchen befindet, doch geben Sie es ihm zunächst nicht. Sobald er auf das Leckerchen aufmerksam geworden ist und Interesse daran zeigt, locken Sie ihn damit und mit aufmunternder Stimme unter Ihr angewinkeltes Bein. Im Idealfall befindet er sich nun genau unter Ihnen.

Mit dem Leckerchen in der einen Hand wird der Hund in den »Tunnel« gelockt.

Sie haben Ihre Position bislang nicht geändert. Jetzt kommt unser Sichtzeichen für PLATZ zum Einsatz, auf ein Hörzeichen verzichten wir zunächst.
Die Hand mit dem Leckerchen legen Sie flach auf den

Das Frühstück ist ausgefallen und so krabbelt Kira begierig dem Leckerchen hinterher.

Erst wenn sie im »Tunnel« liegt, gibt es das Leckerchen und das Hörzeichen PLATZ ertönt.

Boden vor den Hund. Das Leckerchen haben Sie dabei unter der flachen Hand mit dem Daumen.
Je nach Größe des Hundes verkleinern Sie den »Tunnel« nun derart, dass er sich legen muss, um an Ihre flache Hand mit dem Leckerchen zu kommen. Sobald Ihr Hund liegt, sagen Sie PLATZ und öffnen die flache Hand, so dass er das Leckerchen bekommt. Geben Sie Hörzeichen LAUF, stehen Sie auf, und versuchen Sie es erneut.

Platz verlangen

Der nächste Schritt ist, das Hörzeichen PLATZ einzufordern. Mit der Leine in der einen und dem Leckerchen in der anderen Hand geben Sie ein deutliches Hör- und Sichtzeichen PLATZ.
Die Deutlichkeit des Sichtzeichens ist dabei sehr wichtig. Hunde orientieren sich stark an nonverbalen Zeichen. Reagiert der Hund, bekommt er sein Leckerchen, wird ausführlich gelobt und erhält das Hörzeichen LAUF. Reagiert er nicht, obwohl Sie fleißig genug geübt haben, helfen Sie ihm in die Sitz-Position, aber ohne das Hörzeichen SITZ zu geben, und drücken von oben auf seine Schultern, so dass er nach unten rutscht. Glatter Untergrund ist hier sehr hilfreich und verringert den Druck.

Platz unter Ablenkung

Schrittweise beginnen Sie nun, Ablenkungen einzubauen. Suchen Sie wechselnde Orte zum Üben auf. Während Sie zu Beginn nur zwei bis drei Schritte vom Hund wegtreten, sollten Sie nach einiger Zeit schon mehrere Meter weggehen können. Bleiben Sie jedoch immer in Sichtweite, anders

Dies ist erst erlaubt, wenn fleißiges Üben nicht ausreicht: Platz mit Körpereinsatz.

können Sie Ihren Hund nicht schnell genug korrigieren. Bleibt Ihr Hund ruhig liegen, können Sie auch beginnen, mit einem anderen Hund zu üben, der mit seinem Besitzer an Ihrem liegenden Hund vorbei läuft. Später kann man auch Spielzeug an dem liegenden Hund vorbei werfen. Diese Übung aber bitte langsam aufbauen: erst das Spielzeug neben sich selbst werfen, dann immer näher zum Hund heran.

In den ersten Wochen sollten Sie PLATZ nicht über LAUF aufheben. Es ist besser, den Hund erst ins SITZ zu holen und mit LAUF zu entlassen. Bei vielen Hunden steigt so die Hemmschwelle, aus dem PLATZ aufzuspringen.

Pfeifsignal PLATZ

Wenn der Hund sich ohne oder bei mittlerer Ablenkung zuverlässig hinlegt, können Sie zusätzlich ein Pfeifensignal einführen (z. B. Triller). Pfeifen Sie den Triller, gleichzeitig geben Sie das Sichtzeichen PLATZ. Wenn das nicht ausreicht, korrigieren Sie den Hund mit Hörzeichen und nötigenfalls Körpereinsatz. Im allgemeinen verknüpft der Hund nach einigen Wiederholungen wie gewünscht.

Ablenkungen sollten langsam aber stetig erhöht werden. Bitten Sie einen Hundefreund um Unterstützung.

PLATZ auf Entfernung

Diese Übung sollten Sie einführen, sobald Ihr Hund sich prinzipiell bei der klassischen Übungsvariante schnell hinlegt und schon ohne Korrektur länger liegen bleibt. Lassen Sie Ihren Hund mit dem Hörzeichen LAUF an das Ende der Leine, und bewegen Sie sich mit ihm in Spaziergehtempo in die von Ihnen gewünschte Richtung. Geben Sie dem Hund keine Hörzeichen, beachten Sie ihn nicht (scheinbar!), und korrigieren Sie lediglich sein Ziehen an der Leine, wie auf S. 40/41 beschrieben.

Beobachten Sie Ihren Hund genau. Haben Sie das Gefühl, er ist gerade besonders abgelenkt und achtet gar nicht auf Sie, geben Sie das Hörzeichen PLATZ und machen einen Ausfallschritt in seine Richtung in Verbindung mit dem Sichtzeichen.

Reagiert der Hund sofort, wird er gelobt. Reagiert er nicht auf das erste Hörzeichen, so machen Sie einen Schritt in seine Richtung und geben einen kleinen Ruck an der Leine. Danach loben Sie ihn. Achten Sie darauf, dass Ihr Hund sich genau an der Stelle legt, an der er sich befindet, wenn Ihr Hörzeichen erfolgt. Andernfalls korrigieren Sie ihn, indem Sie ihn möglichst schnell an diese Stelle führen und dort ablegen.

Lassen Sie ihn einen Moment liegen, und heben Sie dann das Hörzeichen auf: langsames Aufnehmen der Leine, freundliches aufmunterndes SITZ.

Sie können durchaus an dieser Stelle ein längeres Ablegen von mehreren Minuten integrieren.

Abwechslung im Training

Abwechslung beim Lernen ist von großer Bedeutung für die Erfolgssteigerung. Sie kann jedoch auch problematisch werden, wenn man zu schnell vorgeht und die Dinge durcheinander wirft. Gehen Sie schrittweise und langsam vor. Überfordern Sie weder den Hund noch sich selbst.

Platz auf Entfernung wird zuerst an der Leine geübt und nur auf geringe Entfernung.

Achten Sie auf eine deutliche Körpersprache und steigern Sie die Entfernung zum Hund nur langsam.

Leinenführigkeit

Ziehen ist selbstbelohnend

Ein ordentliches »An-der-Leine-Gehen« ohne Ziehen und Zerren zu erreichen, ist eines der schwierigeren Ziele in der Hundeerziehung. Unser normales Gehtempo entspricht nicht dem natürlichen Tempo eines Hundes, so dass der Hund an der Leine laufend gezwungen ist, für seine Begriffe sehr langsam zu laufen. Dies fällt jungen und temperamentvollen Hunden verständlicherweise sehr schwer! Außerdem ist Ziehen selbstbelohnend: Der Hund zieht, weil er vorwärts möchte. Mit jedem Schritt, den Sie an gespannter Leine tun und der Hund vorwärts kommt, verstärken Sie das Ziehen. Erlauben Sie Ihrem Hund auch nicht, an der kurzen Leine mit anderen Hunden zu spielen, da so ebenfalls Ziehen an der Leine belohnt wird.

Allen hier beschriebenen Methoden ist gemein, dass Sie bei jedem (!) Ziehen an der Leine sofort reagieren müssen. Damit der Hund auch begreifen kann, was Sie eigentlich von ihm wollen, müssen Sie bereits auf ein leichtes Anspannen der Leine reagieren und nicht erst dann, wenn der Zug für Sie unangenehm geworden ist.

So lernt der Hund das Ziehen an der Leine: Er möchte vorwärts, Frauchen folgt.

Stehen bleiben

Bereits ein leichtes Anspannen der Leine, muss Sie zur sofortigen Reaktion veranlassen. Sie bleiben abrupt stehen. Solange Ihr Hund weiter an der Leine zieht, reagieren Sie gar nicht. Wendet er sich zu Ihnen um und lockert dabei die Leine, gehen Sie mit einem freundlichen Lob weiter. Vielleicht kommen Sie nun nur zwei Schritte voran, und schon zieht er wieder, also: Stehen bleiben! Prinzip ist hier: Zieht der Hund, erreicht er sein Ziel, vorwärts zu kommen nicht!

Diese Methode ist absolut gewaltfrei und (theoretisch) leicht durchzuführen. Sie brauchen aber sehr viel Geduld! Sehr schwierig wird es, wenn Sie dringend irgendwohin müssen und Ihr Hund zieht und zieht. Gehen Sie nun weiter, belohnen Sie das Ziehen. Sie haben in solchen Fällen nur die Möglichkeit, Ihren Hund erst gar nicht mitzunehmen oder ihn zu tragen (falls noch möglich).

So ist es richtig: Der Hund möchte vorwärts, doch Frauchen folgt nicht.

»Vom Ziehen ablenken«

Kurz bevor der Hund die Leine anspannt, machen Sie ihn mit einem Hörzeichen (z. B. langsam oder ein kurzes Zischen ssss) aufmerksam. Sieht er Sie an, bekommt er ein kleines Leckerchen.
Auch diese Variante ist einfach und gewaltfrei. Sie funktioniert jedoch unter Ablenkung nur bei extrem verfressenen Hunden.

Richtungswechsel

Haben Sie das Gefühl, Ihren Hund interessiert Ihr Stehen bleiben überhaupt nicht, und er lockert auch von sich aus nicht die Leine, sobald Sie stehen bleiben, dann drehen Sie auf dem Absatz um und gehen in die andere Richtung. Sobald der Hund an lockerer Leine läuft (aufpassen, damit er nicht wieder vorausläuft!), loben Sie ihn sofort, kehren um und gehen wieder in die geplante Richtung.
Diese Methode ist ebenfalls gewaltfrei, aber schon einen Tick energischer als die ersten Varianten. Falls Sie lieber agieren, statt stehend abzuwarten, liegt Ihnen diese Methode vielleicht mehr.

Eine gute Variante: Der Hund möchte vorwärts, Frauchen aber wechselt die Richtung.

Alle diese Methoden funktionieren wie gesagt nur, wenn sie konsequent angewandt werden. Gehen Sie z. B. täglich zum Kindergarten mit dem Hund, und er kann dabei ziehen, weil Sie nun einmal pünktlich dort sein müssen, dann ist eine gute Leinenführigkeit nicht zu erwarten.

Richtiges Timing

Der wichtigste Punkt bei der Belohnung des Fuß-Laufens ist das richtige Timing: Die Verstärkung durch das Leckerchen muss im richtigen Moment kommen. Der Hund läuft an lockerer Leine neben Ihnen und schaut Sie an! Sieht er weg, springt er hoch oder zieht er gerade, bekommt er auf keinen Fall ein Leckerchen.

- ▸ Ablenkungs-
  freie Umgebung
- ▸ Leine locker in
  die eine Hand
- ▸ Leckerchen in
  die andere
- ▸ Belohnung be-
  reits nach weni-
  gen Schritten

- ▸ Laufen im
  flotten Schritt
- ▸ Blickkontakt
  halten
- ▸ Geradeaus
  gehen
- ▸ Dann kleine
  Bögen ...
- ▸ ... und Winkel
  einbauen

Korrektes Fuß-Laufen

Läuft der Hund normal an der Leine, bezeichnen wir dies als Leinenführigkeit. Soll der Hund aber immer dicht an Ihrer Seite bleiben, sich Ihrer Gangart und eventuellen Wendungen perfekt anpassen und sich hinsetzen, sobald Sie stehen bleiben, nennen wir dies »Fuß-Training«. Ein genaues »Fuß-Laufen« ist die Voraussetzung für die so genannte Freifolge, d. h., der Hund bleibt ohne Leine auf der von Ihnen gewünschten Seite.

Als Hörzeichen verwendet man FUSS. Der Tonfall ist auf-munternd und fröhlich.

Schritt für Schritt

Sie nehmen den Hund in die Grundstellung an Ihre linke Seite (oder auf die rechte) und verlangen SITZ. Geben Sie Hörzeichen FUSS in einem aufmunternden, fröhlichen Tonfall. Sie haben hierzu ein Leckerchen in der Hand, das Sie Ihrem Hund vor die Nase halten. Gleichzeitig gehen

Verwenden Sie nur winzig kleine Leckerchen, damit der Hund nicht mit Kauen beschäftigt ist.

Ist Ihr Hund ein schlechter Esser, so greifen Sie hier ruhig zu Käse und Wurst.

Sie flott los, das (sehr kleine) Leckerchen immer über der Nase des Hundes. Für den Anfang genügen einige Schritte (nicht mehr als zehn).

Die Leine halten Sie so, dass der Hund dicht neben Ihnen laufen muss. Laufen Sie nur so lange, wie der Hund sich auf das Leckerchen konzentrieren kann. Bevor seine Konzentration nachlässt, bekommt er es. Sie entlassen ihn gleichzeitig mit einem fröhlichen LAUF und toben ein wenig mit ihm herum.

Winkel und Wendungen einbauen

Mit zunehmender Konzentration des Hundes auf das Leckerchen beginnen Sie, kleine Winkel und Wendungen einzubauen. Gehen Sie nicht zu lange geradeaus (höchstens einige Schritte), dann bauen Sie Wendungen ein, damit der Hund lernt, Ihnen zu folgen.

Arbeiten Sie mit Stimmungsübertragung und unterstützen Ihren Hund mit freudiger Stimme. Üben Sie nur kurz: Fußtraining erfordert eine Menge Konzentration.

»Aus!«

Orson liebt sein Spielzeug ...

... doch er muss lernen, es herauszugeben.

Lernziel

Der Hund soll lernen, auf das Hörzeichen AUS sofort alles fallen zu lassen, was sich in seinem Maul befindet.

Tauschmethode

Die erste Möglichkeit besteht darin, dem Hund sozusagen im Tausch ein Leckerchen anzubieten. Der Vorteil dieser Methode ist, dass sie gewaltfrei ist, der Nachteil, dass sie nur durchgesetzt werden kann, wenn der Hund sich in Ihrem direkten Einflussbereich befindet. Sinnvoll ist die Tauschmethode, um dem Hund z. B. beizubringen, sein Spielzeug herzugeben. Das Leckerchen wird über die Nase des Hundes gehalten. Sobald er sein Spielzeug fallen lässt, geben Sie das Hörzeichen AUS.

Als Alternative zur Tauschmethode mit Leckerchen, können Sie auch ein zweites, identisches Spielzeug wählen, welches Sie dem Hund über die Nase halten. Ansonsten ist die Vorgehensweise die gleiche wie oben.

Haltemethode

Eine ausgezeichnete Methode, dem Hund beizubringen, Stöckchen oder Spielzeug herzugeben, ist die Haltemethode. Fassen Sie dem Hund mit dem einen Arm unter den Bauch, mit dem anderen vor die Brust. Ziehen Sie ihn dabei ruhig und fest an sich, so dass er still stehen bleiben muss. Halten Sie ihn so ruhig wie möglich. Sprechen Sie ihn nicht an, sondern strahlen Sie einfach nur so viel Ruhe aus wie möglich.

Der Hund wird nach einiger Zeit sein Spielzeug fallen lassen. Es gibt Hunde, bei denen es nur wenige Sekunden dauert, bis sie sich so entspannen, dass ihnen das Spielzeug automatisch aus dem Maul fällt. Bei anderen dauert es Minuten. Das klingt zugegebenermaßen unwahrscheinlich, doch probieren Sie es aus! Selbst Hunde, die völlig verrückt auf ihr Spielzeug sind, beruhigen sich mit dieser Methode.

So sieht der korrekt ausgeführte Schnauzgriff aus.

Schnauzgriff

Beim Schnauzgriff umfassen Sie von oben die Schnauze Ihres Hundes. Drücken Sie die oberen Lefzen des Hundes gegen seine Zähne, bis der Hund sein Maul öffnet. Dies stellt eine strengere Form der Korrektur dar und eignet sich z. B., wenn der Hund etwas zum Fressen im Maul hat. Loben Sie ihn, wenn er den Gegenstand fallen lässt. Diese Methode eignet sich nicht bei Aggressionsproblemen!

Auslauf

Jeder Hund benötigt genügend täglichen Auslauf. Jeden noch so großen Garten kennt Ihr Hund nach kurzer Zeit in- und auswendig. Er wird zwar mit Vergnügen seinen täglichen Kontrollgang machen, genügend Auslauf ist das aber auf keinen Fall. Neben der notwendigen körperlichen Bewegung sind für die Psyche des Hundes unbedingt wechselnde Umweltreize nötig, damit er seelisch nicht verkümmert. Aggressivität, Nervosität, ständiges Bellen, Ungehorsam bis hin zur übertriebenen Körperpflege (Pfotenlecken, -knabbern, etc.) sind die Folge mangelnder Bewegung. Jedoch müssen Sie bei Welpen noch vorsichtig sein. Gehört Ihr Hund einer großen oder gar sehr großen Rasse an, müssen Sie die im Kasten angegebenen Zeiten eher noch verkürzen. Große Hunde wachsen langsamer als kleine, die Gefahr einer körperlichen Überforderung ist hier noch eher gegeben. Bei nordischen Rassen oder Windhunden hingegen können Sie einige Minuten länger spazieren gehen.

Auch wenn Ihnen diese Angaben sehr kurz vorkommen und Ihr Hund wesentlich mehr anbietet, ohne erkennbar

Dieses Wagnis nur mit einem ausgewachsenen, gesunden und wohlerzogenen Hund.

zu ermüden: Überschreiten Sie sie nicht! Gelenke, Bänder und Sehnen des Welpen und des Junghundes sind nicht auf mehr ausgelegt. Beachten Sie dies nicht, können bleibende Schäden die Folge sein.

Wie viel Bewegung braucht der Welpe?

Beim Welpen und Junghund müssen Sie darauf achten, ihn nicht zu überfordern. Hier eine Faustregel:

- ▶ 3. und 4. Monat:
  3–4 mal täglich jeweils ca. 15 Minuten
- ▶ 5. bis 7. Monat:
  3–4 mal täglich jeweils 20–30 Minuten
- ▶ 8. und 9. Monat:
  2–3 mal täglich jeweils 30–45 Minuten
- ▶ bis 12. Monat:
  langsam steigern bis 60 Minuten pro Spaziergang
- ▶ ab 12. Monat:
  langsame Steigerung und vermehrtes Konditionstraining

Auch wenn der Welpe noch so fröhlich mitmarschiert, sollten Sie ihn nicht überstrapazieren.

Spielen – aber richtig!

Regelmäßiges, spannendes Spiel erhöht die Motivation Ihres Hundes andere Spielkameraden links liegen zu lassen, wenn Sie ihn rufen. Keinesfalls sollten Sie Spiel jedoch mit dem bloßen Wegwerfen von Gegenständen verwechseln. Dies langweilt die meisten Hunde schnell. Spielen will gestaltet sein. Sehr viele Hunde lieben Beutespiele. Hierzu verwenden Sie am besten einen Ball an einer Schnur, der es Ihnen ermöglicht, auch dann weiterzuspielen, wenn der Hund das Spielzeug im Maul hält. Verwenden Sie weiches Gummispielzeug. Denn viele Hunde hassen es geradezu, in hartes Gummi zu beißen. Gut geeignet sind Kongbälle aus weichem Gummi mit einer Schnur daran.

Kontrolliert spielen

Kontrolliertes Spiel bedeutet: Sie beginnen und beenden das Spiel. Das Lieblingsspielzeug halten Sie unter Verschluss. Der Hund erhält es nur gemeinsam mit Ihnen. Haben Sie Lust und Zeit zum Spielen, holen Sie das Spielzeug hervor und laden den Hund ein. Sind Sie der Meinung,

Auch Spielen will gelernt sein, von Mensch und Hund!

dass es nun ausreicht, so beenden Sie das Spiel. Wenn Sie aufhören zu spielen, sollte der Hund immer noch motiviert sein, mitzumachen. Keinesfalls sollten Sie Ihr Spiel mit einem gelangweilten Hund beenden. Können

Spiel heißt auch Beute machen. Deshalb: Zerrspiele nicht zu heftig!

Interessant gestaltetes Spiel macht den Menschen für den Hund begehrenswert.

Sie es nicht durchsetzen, Ihrem Hund das Spielzeug abzunehmen, so brechen Sie das Spiel dadurch ab, dass Sie Ihn einfach ignorieren. Auch wenn er erneut Spiel anbietet, lassen Sie ihn links liegen. Sobald er das Spielzeug fallen lässt, schleichen Sie sich heran, greifen es schnell, machen es wieder interessant für den Hund, ohne es ihm zu geben, und packen es dann weg. Lassen Sie sich nicht durch evtl. Betteln des Hundes erweichen.

Beutespiele

Setzen Sie sich zunächst in ablenkungsfreier Umgebung zu Ihrem Hund auf den Boden. Das Spiel und Sie selbst sollen hier das Interessanteste sein. Hat der Hund dies erst einmal begriffen, wird er bald überall mit Ihnen spielen und all seine Aktionen Ihnen zuliebe unterbrechen.

Nehmen Sie die Schnur des Spielzeugs in eine Hand, und ziehen Sie sie vor der Nase des Hundes hin und her. Passen Sie Ihr Tempo dem Hund an. Der Hund sollte sich weder langweilen noch völlig chancenlos sein! Zusätzliche Geräusche mit der Stimme, die diese »Beute« imitieren, dürfen keinesfalls fehlen. Ihrer Phantasie sind keine Grenzen gesetzt, versuchen Sie es mit hoher, freudiger Stimme, doch verzichten Sie auf Sprache im menschlichen Sinne.
Dann versuchen Sie es im Stehen. Beugen Sie sich zu Ihrem Hund herunter, und ziehen Sie das Spielzeug an der Schnur über den Boden. Beutegeräusche nicht vergessen! Zeigt der Hund Anzeichen, das Spielzeug ins Maul nehmen zu wollen, so lassen Sie das Spielzeug zunächst nicht los, sondern führen einen sanften Kampf mit dem Hund, indem

Sie daran ziehen und die Beute imitieren, die sich wehrt. Es empfiehlt sich, gemeinsam mit dem Hund einige Meter zu rennen, sobald er die Beute »gewonnen« hat, bevor man sich niederlässt, um weiterzuspielen. Lassen Sie Ihren Hund hierbei während der ersten Tage (diese Zeitangabe

gilt nur bei mehrmaligem Spiel am Tag!) nach Möglichkeit gewinnen. Das heißt, Sie lassen das Spielzeug nach kurzem Hin und Her los, versuchen den Hund durch Rufen erneut zu locken und beginnen das Spiel von Neuem.
Ist die gewünschte Verknüpfung erfolgt, (das merken Sie daran, dass Ihr Hund, nachdem Sie ihn haben gewinnen lassen, begeistert auf Sie zuläuft, sobald Sie durch freudiges Rufen erneut zum Spiel einladen) können Sie dazu übergehen, das Spielzeug wenige Meter weit von sich zu werfen.

Das Spielzeug bewegt sich schnell ...

... und auch am besten geräuschvoll.

Suchspiel im Haus

Nehmen Sie das Lieblingsspielzeug Ihres Hundes, und spielen Sie kurz mit ihm, bis er richtig »heiß« darauf ist. Dann wird er vor die Tür gesperrt. Verstecken Sie nun das Spielzeug. Wählen Sie zunächst ganz leichte Verstecke, damit der Hund sofort ein Erfolgserlebnis hat.

Lassen Sie den Hund wieder herein, und feuern Sie ihn mit den Worten »Such's, ja wo ist es denn!« o. ä. an. Hat er es gefunden, spielen Sie wieder mit ihm. Je nach Temperament und Ausdauer des Hundes können Sie das Spiel öfter wiederholen, und die Verstecke werden dabei immer anspruchsvoller. Hören Sie aber auf, bevor der Hund die Lust daran verliert.

Futtersuchspiele ... machen Spaß ...

... und lasten den Hund aus.

Leckerchen suchen

Werfen Sie als erstes ein Leckerchen vor den Augen des Hundes ein bis zwei Meter entfernt ins Gras, und feuern Sie ihn mit SUCH o. ä. an. Sobald Ihr Hund etwas Übung im Suchen des Leckerchens entwickelt hat, können Sie den Schwierigkeitsgrad steigern: Sie werfen das Leckerchen weiter weg oder in trockenes Laub, hohes Gras, unters Gebüsch etc. Sie werden sehen, dass Ihr Hund mit Feuereifer dabei ist. Was spricht dagegen, ihn sich einen Teil seines Futters »erarbeiten« zu lassen?

Leckerchen »erbeuten«

Nehmen Sie runde Leckerchen, die Sie auf einem harten Weg über den Boden kullern lassen. Ihr Hund wird diese »Beute« mit Begeisterung fangen und vertilgen. Gerade Futtersuchspiele stellen neben dem Spiel mit Spielzeug eine sehr gute Möglichkeit dar, den Hund auf sich zu fixieren und auszulasten. Die intensive Nasenarbeit bei diesen Suchspielen trägt bei mehreren kurzen Wiederholungen während der Spaziergänge sehr dazu bei, dass Ihr Hund körperlich und geistig ausgelastet wird.

Diese Spiele eignen sich auch sehr gut als Belohnung für ein erfolgreiches Herankommen. Ist Ihr Hund bei Ihnen angelangt, zeigen Sie ihm das Leckerchen und werfen es mit dem Hörzeichen SUCH ins Gras oder lassen es über den Weg kullern. Bei Hunden mit hohem jagdlichen Appetenz- oder Hetzverhalten sollten diese Spiele zu Ihrem täglichen Repertoire gehören. Gerade diese Hunde sollten sich ein Viertel oder mehr der täglichen Futterration auf den Spaziergängen »erarbeiten«. Damit Ihr Hund nicht auf eigene Ideen kommt, seinen Jagdtrieb auszuleben.

Kunststückchen

Die meisten Hunde haben einen Riesenspaß am Erlernen und Vorführen von Kunststückchen. Warum? Wahrscheinlich deswegen, weil sie dabei so viel Bewunderung ernten. Hier ein Beispiel:

Rolle

Zuerst lassen Sie Ihren Hund PLATZ machen. Dann legen Sie ihn sanft auf die Seite. Den Kopf darf er oben lassen. Nun zeigen Sie ihm ein Leckerchen und führen es in einem Bogen von seiner Nase zu seinen Rippen hin. Er wird mit dem Kopf folgen, und wenn er sozusagen zu seinem Schwanz schaut, bekommt er das Leckerchen. Mit jeder Wiederholung führen Sie das Leckerchen immer weiter in Richtung Rücken, bevor er es bekommt. Manche Hunde rollen sich dann schon von alleine weiter. Gehört Ihr Hund nicht dazu, üben Sie solange, bis er dem Leckerchen willig folgt und rollen ihn dann herum, indem Sie seine Beine in die Hand nehmen. Danach darf er sofort aufspringen. Sie loben ihn begeistert, und er bekommt noch ein Leckerchen. An diesem Punkt können Sie ein Hand- und/oder

Hörzeichen einführen. Sie geben das Zeichen und fangen mit der Übung an. Seien Sie geduldig. Es ist nicht nötig, dass der Hund gleich am ersten Tag die Rolle perfekt lernt, und schließlich geht es ja darum, ihn zu beschäftigen, und nicht um Perfektion.

Die Nase des Hundes folgt dem Leckerchen.

Und schon hat er sich einmal um die eigene Achse gedreht.

Hundeschule Aschaffenburg
Petra Führmann & Iris Franzke GbR
Elsässer Str. 6
63739 Aschaffenburg
Tel.: 0 60 21/2 01 56
Info@hundeschule-ab.de
www.hundeschule-ab.de

Hunde-Akademie
Perdita Lübbe
Hauptstr. 18
64380 Roßdorf-Gundershausen
Tel.: 0 60 71/4 23 24
Info@hundeakademie.de
www.hundeakademie.de

Gesellschaft zum Schutz der Wölfe e.V.
Dr. Peter Blanché
Riedstraße 14
85244 Riedenzhofen
Tel.: 0 81 39/16 66

Fax: 0 81 39/99 58 04
www.gzsdw.de

Gesellschaft für Haustierforschung e.V.
Eberhard Trumler Station
Wolfswinkel 1
57587 Birken-Honigsessen
Tel.: 0 27 42/67 46
Fax: 0 27 42/85 23
www.gfhwolfswinkel.de

Zum Weiterlesen

Bloch, Günther: Der Wolf im Hundepelz. Westkreuz, 1997.
Der Familienbegleithund im modernen Hausstand. Westkreuz, 2001.

Donaldson, Jean: Hunde sind anders. Kosmos, 2000.

Führmann, Petra und Nicole Hoefs: Erziehungsspiele für Hunde. Kosmos, 2002.

Hoefs, Nicole und Petra Führmann: Das Kosmos-Erziehungsprogramm für Hunde. Kosmos, 1999.

Hoefs, Nicole; Petra Führmann und Perdita Lübbe-Scheuermann: Das Kosmos-Erziehungsprogramm für Hunde. Das Video. Kosmos, 2001.

Lind, Eckard: Richtig spielen mit Hunden. Augustus, 1999.

Niepel, Gabriele: Welpenspielstunde. Müller Rüschlikon, 2001 (Buch und Video).

Pietralla, Martin: ClickerTraining für Hunde. Kosmos, 2000.

Pietralla, Martin und Barbara Schöning: ClickerTraining für Welpen. Kosmos, 2002.

Pryor, Karen: Positiv bestärken – sanft erziehen. Kosmos, 1999.

Raeber, Dr. Hans: Vom Wolf zum Rassehund. Kynos, 1999.

Van Schewick, Manuela: Der richtige Hund für mein Kind. Augustus, 2000.

Wachtel, Hellmuth: Hundezucht 2000. Gollwitzer, 1997.

Wegmann, Angela und Wilfried Heines: Such und Hilf! Kynos, 1989.

Winkler, Sabine: So lernt mein Hund. Kosmos, 2001.

Register

Impressum

Umschlaggestaltung von eStudio Calamar
unter Verwendung von drei Farbfotos von
Christof Salata/Kosmos.

Mit 81 Farbfotos.

Bibliografische Information Der Deutschen Bibliothek
Die Deutsche Bibliothek verzeichnet diese Publikation in
der Deutschen Nationalbibliografie; detaillierte bibliografische
Daten sind im Internet über http://dnb.ddb.de abrufbar.

Informationen senden wir Ihnen gerne zu

Bücher · Kalender · Spiele · Experimentierkästen · CDs · Videos

Natur · Garten & Zimmerpflanzen · Heimtiere · Pferde & Reiten · Astronomie ·
Angeln & Jagd · Eisenbahn & Nutzfahrzeuge · Kinder & Jugend

KOSMOS Postfach 10 60 11
D-70049 Stuttgart
TELEFON +49 (0)711-2191-0
FAX +49 (0)711-2191-422
WEB www.kosmos.de
E-MAIL info@kosmos.de

Gedruckt auf chlorfrei gebleichtem Papier

© 2003, Franckh-Kosmos Verlags-GmbH & Co., Stuttgart
Alle Rechte vorbehalten
ISBN 3-440-09482-0
Redaktion: Hilke Heinemann
Gestaltungskonzept: eStudio Calamar
Satz, Gestaltung und Produktion:
DOPPELPUNKT Auch & Grätzbach GbR, Leonberg
Druck und Bindung: Těšínská Tiskárna, a.s., Ceský Těšín
Printed in Czech Republic/Imprimé en République tchèque

Bildnachweis
Farbfotos von Thomas Höller/Kosmos (2: S. 18) und
Karl-Heinz Widmann/Kosmos (3: S. 19, 49).
Alle weiteren 76 Farbfotos von Christof Salata/Kosmos.